YUMMY !
Souriez, vous cuisinez

SANDRA MAHUT

BAGELS WRAPS & CIE
street food

50 RECETTES DE SANDWICHS À S'EN LÉCHER LES DOIGTS

MARABOUT

SOMMAIRE

Wrap saumon-cream cheese

4 wraps

Préparation
10 min

Ingrédients
4 galettes de blé,
type tortillas ou wraps
300 g de cream cheese,
type Philadelphia®
ou Madame Loïk®
½ bouquet d'aneth
400 g ou 4 grandes
tranches de saumon fumé
Quelques feuilles
de mesclun
20 g de wasabi
Sel, poivre

- Disposez les galettes de blé sur le plan de travail et tartinez-les généreusement de cream cheese sur toute la surface.
- Parsemez d'aneth ciselé, salez et poivrez.
- Étalez les tranches de saumon fumé sur la partie basse, puis des feuilles de mesclun sur la partie haute. Ajoutez une pointe de wasabi.
- Roulez chaque tortilla sur elle-même, puis recoupez-la en deux. Faites de même pour les autres wraps.
- Dégustez aussitôt ou réservez au frais jusqu'au moment de les déguster.

Fresh is so fresh…

Wrap dinde-paprika

4 wraps

Préparation
10 min

Ingrédients
4 galettes de blé,
type tortillas ou wraps
400 g de tranches de dinde
fumée en chiffonnade
60 g de mayonnaise
+/_ curry rouge 10 g de sauce sriracha
½ bouquet de cerfeuil
ou de coriandre
2 carottes râpées
¼ de laitue
Sel, poivre

Matériel
1 bol
1 paire de ciseaux

- Lavez la laitue, essorez-la puis émincez-la en lanières.
- Dans un bol, mélangez la mayonnaise avec la sauce sriracha.
- Effilochez les tranches de dinde fumée.
- Disposez sur chaque galette de blé de la sauce sur un quart de la galette, puis des carottes râpées sur un autre quart, de la salade émincée sur un troisième quart et de la dinde fumée sur le dernier quart.
- À l'aide des ciseaux, coupez la tortilla au milieu. Repliez d'un quart vers le haut, d'un quart sur la droite, puis d'un quart vers le bas. Vous obtenez ainsi un magnifique sandwich wrap plié.
- Faites de même pour les autres wraps.

Fraîcheur et saveurs garanties !

L'astuce Yummy

On peut déguster ces wraps froids ou les passer sous le gril d'un four et les déguster chauds ou tièdes.

Wrap poulet crispy

4 wraps

Préparation
10 min

Cuisson
10 min

Ingrédients
4 c. à s. de chapelure
2 c. à s. de farine
1 œuf
8 c. à s. d'huile de tournesol
200 g d'aiguillettes de poulet
8 grandes feuilles de laitue
4 c. à s. de sauce César
1 c. à s. de jus de citron
1 carotte
1 tomate
3 radis ronds
Sel, poivre

Matériel
3 assiettes creuses
1 sauteuse
Papier absorbant

- Dans une assiette creuse, versez la chapelure. Dans une autre assiette, déposez 2 cuillerées à soupe de farine. Dans une troisième assiette, cassez l'œuf et battez-le en omelette.
- Faites chauffer l'huile dans une sauteuse.
- Salez et poivrez les aiguillettes de poulet sur toutes les faces. Roulez-les dans la farine. Puis plongez-les dans l'omelette et dans la chapelure.
- Lorsque l'huile est chaude mais non fumante, faites dorer les aiguillettes de poulet pendant 4 à 5 minutes. Déposez-les sur du papier absorbant.
- Lavez et séchez les feuilles de laitue. Superposez 2 feuilles en quinconce.
- Dans un petit bol, mélangez la sauce César avec le jus du citron en fouettant.
- Râpez la carotte. Coupez la tomate en rondelles, puis en demi-lunes. Émincez les radis en fines rondelles.
- Déposez sur le plan de travail les 2 feuilles de laitue superposées. Ajoutez de la carotte râpée, de la tomate, des rondelles de radis, puis 2 aiguillettes de poulet coupées en deux dans la longueur. Arrosez de sauce César. Refermez ce wrap en le roulant sur lui. Procédez de même pour les 3 autres.
- Conservez au frais ou dégustez aussitôt.

L'astuce Yummy

Pour les contenir, on peut serrer ces wraps dans une feuille de papier sulfurisé ou un film alimentaire – évitez le papier d'aluminium.

Avocado wrap

4 wraps

Préparation
15 min

Cuisson
8 min

Ingrédients
8 œufs bio
3 c. à s. d'huile d'olive
2 avocats mûrs à point
Le jus de ½ citron bio
8 c. à s. de cream cheese, type Philadelphia®
ou Madame Loïk®
1 c. à c. de paprika ou de piment doux
4 galettes de blé, type tortillas
4 poignées de roquette
Sel, poivre

Matériel
1 bol
1 casserole
1 cuillère en bois
1 assiette
1 paire de ciseaux

- Fouettez les œufs dans un bol à la fourchette, salez et poivrez.
- Dans une casserole, versez 1 cuillerée à soupe d'huile d'olive puis, lorsqu'elle est chaude, versez les œufs, fouettez sans discontinuer avec une cuillère en bois ou un fouet et réalisez les œufs brouillés. Laissez-les refroidir en les réservant dans une assiette.
- Pelez les avocats, coupez-les en tranches et arrosez-les légèrement de jus de citron.
- Mélangez le cream cheese dans un bol avec le paprika.
- Disposez les 4 tortillas sur le plan de travail, étalez du cream cheese sur un quart d'une tortilla, puis disposez des lamelles d'avocat sur un autre quart, puis de l'œuf brouillé sur un troisième quart et enfin de la roquette sur un dernier quart.
- À l'aide des ciseaux, coupez la tortilla au milieu. Repliez un quart de la partie basse vers le haut, puis sur la gauche, puis vers le bas et obtenez ainsi un délicieux wrap maison. Procédez ainsi pour les 3 suivants.
- Dégustez aussitôt.

I love Avocado.
I love wraps.
I love it !

Wrap thon-mayo

4 wraps

Préparation
10 min

Ingrédients
400 g de thon
au naturel égoutté
80 g de mayonnaise
10 g de chapelure
30 g de câpres
½ bouquet d'aneth
4 radis ronds
4 œufs bio durs
4 galettes de blé,
type tortillas ou wraps
Quelques pétales
de tomates séchées
Mesclun
Sel, poivre

Matériel
1 grand bol
Film alimentaire

- Dans un grand bol, mélangez le thon émietté avec la mayonnaise, la chapelure et les câpres. Salez et poivrez.
- Ciselez finement l'aneth et les radis. Ajoutez-les à la préparation.
- Écalez les œufs durs et coupez-les en rondelles.
- Étalez chaque galette de blé sur le plan de travail. Tartinez généreusement de thon à la mayonnaise, puis répartissez des rondelles d'œuf dur soit uniformément, soit seulement sur un quart de la galette. Roulez les galettes et serrez-les.
- Servez immédiatement ou enroulez-les dans du film alimentaire pour les emporter en pique-nique.
- Servez avec des pétales de tomates séchées et du mesclun.

Le thon-mayo revisité dans un délicieux wrap.

Wrap aux légumes d'été

4 wraps

Préparation
15 min

Cuisson
45 min

Ingrédients
4 galettes de blé, type tortillas
1 gros ou 2 petits poivrons rouges
1 aubergine
5 champignons de Paris
8 c. à s. d'houmous
2 c. à c. de zaatar ou de thym
4 pincées de piment doux ou d'Espelette
4 c. à s. d'huile d'olive
1 gousse d'ail
½ bouquet de coriandre ou de persil plat
Sel, poivre

Matériel
1 bol
1 casserole
1 cuillère en bois
1 paire de ciseaux

- Coupez le poivron en deux et faites-le cuire au four pendant 20 à 30 minutes à 200 °C.
- Placez-le dans un sac en plastique pour 2 à 3 minutes pour enlever la peau. Pelez-le et coupez-le en lanières de 1 cm.
- Coupez l'aubergine en tranches de 0,5 cm. Huilez-les et faites-les cuire sous le gril pendant 10 à 15 minutes. Réservez-les dans une assiette, coupez-les en petits morceaux, arrosez d'huile d'olive, salez et poivrez.
- Émincez les champignons et faites-les revenir à la poêle avec de l'huile d'olive, la gousse d'ail hachée et la coriandre émincée. Lorsqu'ils sont cuits, réservez-les dans une assiette.
- Disposez les galettes sur le plan de travail. Étalez de l'houmous sur un quart de chacune, puis ajoutez des lanières de poivron sur un autre quart, des champignons sur un troisième quart et des morceaux d'aubergine grillée sur le dernier quart. Parfumez de zaatar ou de thym et de piment.
- À l'aide des ciseaux, coupez la tortilla au milieu. Repliez un quart de la partie basse vers le haut, puis sur la gauche, puis vers le bas et obtenez ainsi un délicieux wrap maison. Procédez ainsi pour les 3 suivants.
- Dégustez aussitôt.

Envolez-vous vers les côtes méditerranéennes !

Veggie wrap au tahini

4 wraps

Préparation
15 min

Cuisson
10 min

Ingrédients
300 g de pois chiches cuits égouttés
150 g de tahini pâte de sésame
80 g d'eau
2 c. à s. de yaourt à la grecque
2 c. à c. de sumac
2 aubergines
150 ml d'huile de friture
1 brocoli
2 c. à s. de graines de grenade
Un peu de roquette
4 galettes de blé, type tortillas ou wraps
Sel, poivre

Matériel
1 mixeur
1 sauteuse
Papier absorbant
1 casserole
Film alimentaire

- Égouttez les pois chiches. Mixez-les avec le tahini, l'eau et 1 cuillerée à café de sel. Puis versez dans un bol et ajoutez le yaourt. Salez et poivrez à nouveau si besoin. Ajoutez du sumac et mélangez.
- Coupez les aubergines en petits cubes, puis faites-les frire dans 1 ou 2 cm d'huile de friture dans une sauteuse – ou utilisez des aubergines grillées à l'huile. Lorsqu'elles sont dorées, disposez-les sur du papier absorbant.
- Coupez le brocoli en fleurettes et faites-les cuire dans une casserole d'eau bouillante salée pendant 5 minutes. Égouttez et mettez sur du papier absorbant.
- Disposez chaque tortilla sur le plan de travail, tartinez-les généreusement de sauce aux pois chiches-tahini, puis saupoudrez de sumac à nouveau. Ajoutez des aubergines frites, des fleurettes de brocoli cuites et un peu de roquette. Parsemez de graines de grenade, puis roulez les wraps sans serrer.
- Servez immédiatement ou enveloppez-les dans du film alimentaire pour les emporter en pique-nique.

Un wrap et du tahini.... ? Hmm... trop bon !

Rolls jambon-mozza

4 rolls

Préparation
15 min

Cuisson
15 min

Ingrédients

4 tranches de pain de mie sans la croûte
4 tranches de jambon cuit
4 tranches de mozzarella fior di latte ou d'emmental carrées pour sandwich
1 œuf
4 à 5 c. à s. de chapelure, type panko ou autre
2 c. à s. de farine
150 à 200 ml d'huile de friture
150 ml de sauce tomate
Sel

Matériel

1 rouleau à pâtisserie
Film alimentaire
3 assiettes creuses
1 sauteuse
Papier absorbant
Piques en bois

- Disposez les tranches de pain de mie sur le plan de travail. Posez-les sur un morceau de film alimentaire puis, à l'aide d'un rouleau à pâtisserie, écrasez-les pour les aplatir.
- Sur chaque tranche aplatie de pain de mie, déposez une tranche de jambon (retaillez le jambon pour qu'il ne dépasse pas), puis ajoutez une tranche de fromage.
- Roulez chaque tranche en serrant et en appuyant légèrement. Posez-le côté pliure sur le plan de travail.
- Battez l'œuf avec une pincée de sel dans une assiette creuse. Versez la chapelure dans une autre assiette creuse. Mettez un peu de farine dans une troisième assiette creuse.
- Recouvrez les rouleaux de pain de farine, puis plongez-les dans l'œuf battu et la chapelure. Roulez bien sur toute la longueur du rouleau, même les bords. Recommencez avec le reste des rouleaux.
- Versez l'huile dans une sauteuse. Faites frire les rouleaux deux par deux en les retournant constamment, puis placez-les sur une feuille de papier absorbant.
- Lorsque les 4 rouleaux sont bien dorés et un peu refroidis, coupez-les en tronçons de 2 cm de long et servez-les avec des piques apéro et la sauce tomate.

Un roll à faire tourner la tête de vos invités !

Crab rolls

4 rolls

Préparation
15 min

Cuisson
6 min

Ingrédients
50 g de beurre doux
4 ou 8 mini-pains au lait ou viennois, type buns
50 g de céleri-branche
1 échalote
300 g de crabe en boîte égoutté
80 g de mayonnaise
Sel, poivre

Matériel
1 casserole
1 poêle
1 bol
Cure-dents

- Dans une casserole, faites fondre le beurre, laissez-le dorer 2 à 3 minutes sur feu moyen, jusqu'à l'obtention d'un beurre noisette.
- Badigeonnez les pains de beurre noisette. Faites-les dorer ouverts dans une poêle chaude ou au four 3 minutes à 190 °C.
- Coupez le céleri en petits dés, puis l'échalote.
- Dans un bol, mélangez la chair de crabe avec la mayonnaise. Ajoutez le céleri, l'échalote, salez et poivrez.
- Farcissez les pains briochés de cette préparation et piquez-les avec un cure-dent en bois.
- Servez sans attendre.

Ça se mange vraiment sans faim !

Lobster rolls

4 rolls

Préparation
15 min

Cuisson
6 min

Ingrédients
50 g de beurre doux
4 pains au lait ou bretzels
½ bouquet de ciboulette
4 grosses c. à s. de mayonnaise
Le jus de ½ citron vert bio
2 homards cuits et décortiqués
1 sucrine
Pickels de cornichons aigres-doux et des chips pour servir
Sel, poivre

Matériel
1 casserole
1 poêle

- Dans une casserole, faites fondre le beurre. Laissez-le dorer 2 à 3 minutes sur feu moyen, jusqu'à l'obtention d'un beurre noisette.
- Badigeonnez les pains de beurre noisette. Faites-les dorer ouverts dans une poêle chaude ou au four 3 minutes à 190 °C.
- Ciselez finement la ciboulette, en en réservant pour la décoration.
- Mélangez la moitié de la ciboulette à la mayonnaise. Ajoutez le jus de citron vert et mélangez.
- Émiettez les morceaux de homard et ajoutez-les à la mayonnaise.
- Émincez la sucrine.
- Dans les pains, disposez de la sucrine, puis le mélange au homard.
- Parsemez de ciboulette avant de déguster avec les pickles de cornichons aigres-doux et des chips.

La recette pour épater vos amis à l'apéro !

by John doe

Morning bagel

4 bagels

Préparation
15 min

Cuisson
3 min

Ingrédients
300 g de bacon
ou de poitrine fumée
4 œufs bio
1 c. à s. d'huile d'olive
2 avocats mûrs à point
150 g de cottage cheese
ou de cream cheese
5 à 10 brins de ciboulette
4 bagels nature
Sel, poivre

Matériel
2 poêles
1 bol
1 assiette

- Dans une poêle à sec, faites griller les tranches de poitrine fumée ou de bacon.
- Battez les œufs dans un bol. Salez et poivrez.
- Dans une autre poêle, faites chauffer la cuillerée à soupe d'huile d'olive. Versez les œufs et mélangez à la cuillère en bois en formant des huit sans vous arrêter. Les œufs cuisent très vite : stoppez lorsqu'ils sont pris. Réservez dans une assiette.
- Pelez et coupez les avocats en lamelles.
- Mélangez le cottage cheese avec de la ciboulette ciselée.
- Montez les bagels : tartinez les 2 côtés des pains de cottage cheese à la ciboulette, disposez des tranches d'avocat et de bacon grillé, puis des œufs brouillés. Refermez les bagels et dégustez aussitôt.

Un bagel pour démarrer une belle journée !

Bagel au saumon fumé

4 bagels

Préparation
10 min

Ingrédients
4 bagels nature
150 g de cream cheese
5 à 10 brins de ciboulette
ou de cerfeuil
½ concombre
1 oignon rouge
4 feuilles de laitue
ou de sucrine
4 tranches de saumon fumé
Oignons frits
Sel, poivre

Matériel
1 grille-pain

- Coupez les bagels en deux, faites-les légèrement dorer au grille-pain.
- Tartinez-les de cream cheese. Salez et poivrez. Parsemez de ciboulette ciselée. Ajoutez des rondelles de concombre finement tranchées.
- Coupez l'oignon rouge en rondelles très fines.
- Sur les bagels, disposez une feuille de salade, une tranche de saumon fumé, puis des rondelles d'oignon rouge et des oignons frits.
- Refermez les bagels et dégustez aussitôt.

Le mariage de la fraîcheur et du caractère.

Bagel italien

4 bagels

Préparation
15 min

Cuisson
5 min

Ingrédients
50 g de poivrons rouges rôtis à l'huile d'olive
1 boule de scamorza
4 bagels aux graines
4 tranches de jambon de Parme ou de coppa en chiffonnade
Une dizaine de feuilles de basilic
Huile d'olive

Matériel
1 grille-pain
1 poêle

- Coupez les poivrons rôtis égouttés en lanières.
- Coupez la scamorza en tranches.
- Ouvrez les bagels et faites-les dorer au grille-pain. Arrosez les pains d'un filet d'huile d'olive.
- Dans une poêle, faites griller à sec les tranches de scamorza.
- Disposez dans un pain des lanières de poivron rôti. Ajoutez les tranches de scamorza fondue, puis du jambon de Parme ou de la coppa, enfin des feuilles de basilic. Arrosez d'huile d'olive le dessus du pain et refermez aussitôt. Faites de même pour les autres bagels.
- Dégustez immédiatement lorsque la scamorza est tiède.

Simple et facile
à préparer.
I love it !

Bagel au pastrami

4 bagels

Préparation
15 min

Ingrédients
½ oignon rouge
4 gros cornichons aigres-doux
4 c. à s. de mayonnaise
2 c. à s. de moutarde douce, type Savora®
4 bagels nature ou au sésame
400 g de pastrami de bœuf en fines tranches

Matériel
1 grille-pain

- Coupez l'oignon rouge en très fines rondelles.
  Coupez les cornichons en fines lanières dans la longueur.
- Mélangez la mayonnaise et la moutarde Savora® dans un bol à l'aide d'une fourchette.
- Ouvrez et faites griller les bagels au four ou au grille-pain.
- Tartinez-les du mélange mayonaise-moutarde douce sur les 2 faces. Ajoutez des lanières de cornichon et d'oignon rouge, puis disposez des tranches de pastrami. Il en faut une couche d'au moins 2 à 3 cm par bagel.
- Refermez les bagels. Coupez-les en deux et dégustez aussitôt.

Le classique comme à New York.

Cheeseburger

4 cheeseburgers

Préparation
10 min

Cuisson
15 min

Ingrédients
1 tomate
½ oignon rouge
1 c. à s. d'huile d'olive
4 steaks hachés
4 tranches épaisses de fromage, type cheddar
4 buns à burger
4 feuilles de salade, type batavia ou laitue
4 gros cornichons aigres-doux

Sauce
2 c. à s. de ketchup
2 c. à s. de Yellow Mustard® (ou Savora®)
3 c. à s. de mayonnaise
1 pincée de piment d'Espelette
10 cornichons émincés

Matériel
1 poêle
1 four

- Coupez la tomate et l'oignon rouge en rondelles.
- Faites chauffer une poêle avec une goutte d'huile d'olive. Faites griller les steaks pendant 3 à 4 minutes sur chaque face. Lorsque vous retournez le steak, ajoutez le fromage et laissez cuire à feu moyen.
- Pendant ce temps, faites réchauffer les pains, ouvrez-les et placez-les au four 3 minutes.
- Mélangez les ingrédients de la sauce et tartinez-en les pains. Ajoutez 1 feuille de salade, puis le steak au fromage, des oignons rouges, des cornichons aigres-doux et des rondelles de tomate. Refermez le burger, faites de même pour les autres et dégustez aussitôt.

Du cheese, du cheese et encore du cheese…

Bacon cheeseburger

4 burgers

Préparation
15 min

Cuisson
10 min

Ingrédients
3 c. à s. de ketchup
5 c. à s. de sauce BBQ
1 c. à s. de moutarde douce, type Savora®
200 g de bacon, soit 12 fines tranches de poitrine fumée
4 pains à burger (buns) aux céréales ou nature
1 noix de beurre
1 c. à s. d'huile d'olive
4 steaks hachés de 100 à 150 g
4 tranches de fromage à fondre pour burger, type cheddar ou emmental
4 belles feuilles de laitue
1 oignon rouge

Matériel
2 poêles
Papier absorbant

- Dans un bol, mélangez le ketchup, la sauce BBQ et la moutarde douce avec une fourchette.
- Dans une poêle, faites griller à sec les fines tranches de bacon ou de poitrine fumée. Lorsqu'elles sont bien grillées, disposez-les sur du papier absorbant.
- Faites chauffer les pains à burger ouverts dans une autre poêle avec la noix de beurre ou au four pendant 3 minutes à 180 °C.
- Faites ensuite chauffer la première poêle avec la cuillerée à soupe d'huile d'olive. Puis faites griller les steaks hachés. Lorsqu'ils sont presque cuits et que vous les retournez, ajoutez les tranches de fromage et laissez fondre.
- Tartinez chaque base de pain de sauce.
- Déposez une feuille de laitue, puis les steaks au fromage, puis du bacon grillé et une rondelle d'oignon rouge. Refermez avec le haut du pain tartiné de sauce.
- Dégustez aussitôt.

Fait maison, il est encore meilleur !

Avocado burger

4 burgers

Préparation
15 min

Cuisson
5 min

Ingrédients
2 gros avocats bien mûrs
4 pains à burger (buns) nature ou au sésame
2 noix de beurre ou 1 c. à s. d'huile d'olive
4 steaks hachés de 100 à 150 g
4 c. à s. de coleslaw du commerce
4 belles feuilles de laitue
3 c. à s. de sauce soja
3 c. à s. d'huile de sésame

Matériel
1 poêle

- Pelez et coupez les avocats en tranches pas trop fines.
- Faites chauffer les pains à burger ouverts dans une poêle avec une noix de beurre ou au four pendant 3 minutes à 180 °C.
- Faites ensuite chauffer une poêle avec du beurre ou 1 cuillerée à soupe d'huile d'olive. Puis faites griller les steaks hachés sur chaque face.
- Tartinez chaque base de pain de coleslaw. Déposez une feuille de laitue, puis les steaks grillés et enfin les tranches d'avocat. Arrosez d'huile de sésame et de sauce soja, parsemez de graines de sésame et ajoutez encore du coleslaw avant de refermer les pains.
- Dégustez aussitôt.

La nouvelle recette des restos branchés.

Chicken burger

4 burgers

Préparation
20 min

Cuisson
10 min

Ingrédients
4 fines escalopes de poulet
20 g de farine
1 œuf
30 g de chapelure classique ou panko
Huile pour friture ou de colza
4 tranches de fromage à fondre pour burger
4 pains à burger (buns)
4 c. à s. de sauce burger
4 belles feuilles de laitue
1 grosse tomate taillée, type cœur-de-bœuf
Sel, poivre

Matériel
Film alimentaire
1 rouleau à pâtisserie
1 sauteuse
Papier absorbant
1 poêle

- Disposez les escalopes de poulet sur le plan de travail. Recouvrez-les d'un film alimentaire et aplatissez-les avec un rouleau à pâtisserie. Recoupez-les en carrés de la taille des pains à burger. Farinez, salez et poivrez.
- Plongez-les dans l'œuf battu, puis dans la chapelure.
- Faites chauffer 1 cm d'huile pour friture ou de colza dans une sauteuse, puis faites cuire les escalopes de poulet jusqu'à ce qu'elles soient bien dorées. Ajoutez une tranche de fromage lorsque vous retournez les escalopes. Laissez fondre le fromage et stoppez la cuisson. Disposez sur du papier absorbant.
- Pendant ce temps, faites légèrement dorer les pains à burger ouverts, au four ou dans une poêle.
- Sur chaque base de pain, déposez un peu de sauce burger. Ajoutez une feuille de laitue, l'escalope de poulet au fromage, puis des rondelles de tomate. Tartinez le haut des pains avec de la sauce et refermez les burgers.
- Dégustez aussitôt.

Un classique à déguster sans modération.

Pulled pork burger

4 burgers

Préparation
20 min

Cuisson
5 h

Ingrédients
800 g d'échine de porc
ou de rôti de porc
Huile de colza
1 oignon rouge émincé
4 pains à burger (buns)
1 piment (facultatif)
Coriandre effeuillée
Oignons frits

Marinade
2 c. à s. d'huile de colza
1 gros oignon jaune
250 ml de ketchup
75 ml de vinaigre de cidre
80 ml de bouillon de poule
50 g de cassonade ou
de sirop d'érable
1 c. à c. de moutarde
1 c. à s. de sauce
Worcestershire®
2 c. à s. de paprika
fumé en poudre
2 gousses d'ail
1 feuille de laurier
Sel, poivre

- Préchauffez le four à 140 °C.
- Dans un bol, mélangez tous les ingrédients de la marinade.
- Coupez le porc en petits morceaux de 1 à 2 cm de côté.
- Dans un faitout, une grande casserole allant au four ou une cocotte, faites chauffer l'huile de colza et mettez le porc. Laissez-le dorer en le tournant sur toutes les faces.
- Ajoutez l'oignon et retournez l'ensemble régulièrement pour que tout dore sans brûler. Salez et poivrez.
- Versez la marinade dans la cocotte et mélangez le tout.
- Enfournez la cocotte et laissez cuire pendant 4 à 5 heures.
- Ouvrez le four à mi-cuisson. Mélangez et ajoutez un peu d'eau si nécessaire.
- Lorsque la viande est cuite, laissez-la refroidir un peu avant de l'effilocher avec une fourchette.
- Montez les burgers. Ouvrez les pains et faites-les légèrement dorer à la poêle ou au four.
- Garnissez-les de pull pork, de rondelles fines d'oignon rouge, de rondelles de piment – si vous le souhaitez –, de coriandre effeuillée et d'oignons frits.
- Mangez vos burgers avec des frites de patate douce, qui se marient très bien avec.

Il faut le mériter mais ça vaut le coup !

Veggie burger

4 burgers

Préparation
15 min

Cuisson
15 min

Ingrédients
1 oignon rouge
4 champignons de Paris
4 steaks végétaux
¼ de chou rouge
4 pains à burger aux graines (buns)
4 feuilles de salade
40 g de feta

Sauce
4 grosses c. à s. d'houmous
2 c. à s. de yaourt à la grecque
1 c. à c. de paprika
1 c. à s. de sauce tomate toute prête
1 bouquet de menthe
Sel, poivre

Matériel
1 bol
1 poêle
1 grille-pain

- Dans un bol, mélangez l'houmous et le yaourt à la grecque. Ajoutez le paprika, la sauce tomate et un peu de menthe ciselée. Salez et poivrez.
- Coupez l'oignon rouge en rondelles. Émincez les champignons de Paris.
- Faites chauffer une poêle et faites griller les steaks végétaux.
- Coupez le chou rouge en fines lanières.
- Faites chauffer les pains à burger ouverts au four ou au grille-pain.
- Tartinez les bases des pains de sauce à l'houmous. Puis ajoutez une feuille de salade, le steak, une rondelle d'oignon rouge, un peu de sauce, des champignons de Paris, de la feta et encore de la sauce.
- Refermez les burgers et dégustez aussitôt.

Le burger des veggies qui ne partagent pas !

Fish burger

4 burgers

Préparation
15 min

Cuisson
15 min

Ingrédients
4 c. à s. de corn-flakes
4 filets de poisson,
type cabillaud
1 œuf battu
1 à 2 c. à s. d'huile de colza
1 concombre
1 oignon rouge
4 pains à burger (buns),
nature ou au sésame
4 cornichons aigres-doux
Cerfeuil
Sauce
4 c. à s. de yaourt
à la grecque
3 c. à s. de mayonnaise
1 citron
1 c. à s. de ciboulette ciselée
Sel, poivre

Matériel
1 sachet de congélation
1 rouleau à pâtisserie
1 poêle antiadhésive
Papier absorbant

- Dans un sachet de congélation hermétique, placez les corn-flakes, fermez le zip en chassant l'air et écrasez-les au rouleau à pâtisserie.
- Plongez les filets de poisson dans l'œuf battu, puis dans la chapelure de corn-flakes.
- Faites chauffer une poêle antiadhésive avec 1 à 2 cuillerées à soupe d'huile de colza. Faites dorer les filets de poisson à feu moyen. Lorsqu'ils sont dorés, retournez-les et poursuivez la cuisson 1 à 2 minutes. Placez-les sur du papier absorbant.
- Coupez le concombre en fines rondelles, ainsi que l'oignon rouge.
- Pour la sauce, mélangez le yaourt avec la mayonnaise. Ajoutez du jus de citron et de la ciboulette ciselée. Salez et poivrez.
- Ouvrez les pains à burger et faites-les légèrement dorer au four ou dans une poêle.
- Étalez de la sauce sur chaque base. Ajoutez de l'oignon rouge et du concombre, le filet de poisson, des cornichons aigres-doux en rondelles et du cerfeuil.
- Refermez avec les chapeaux des pains tartinés de sauce. Dégustez aussitôt.

Changez de recette, testez le Fish burger !

Hot-dog Brooklyn

2 hot-dogs

Préparation
10 min

Cuisson
3 min

Ingrédients

2 saucisses de Francfort ou de Strasbourg
2 pains à hot-dog
1 tube de ketchup
1 tube de Yellow Mustard®
1 c. à s. d'oignons frits (au rayon Cuisines du monde)

Relish

6 gros cornichons aigres-doux
1 c. à s. de Yellow Mustard®
½ oignon jaune
½ piment rouge
8 c. à s. de vinaigre de cidre
7 c. à s. d'eau
2 c. à s. de sucre en poudre
2 c. à s. de graines de moutarde

Matériel

1 bocal
1 casserole

- Coupez les cornichons en très petits dés. Placez-les dans un bol. Ajoutez la moutarde et tous les ingrédients de la relish coupés en tout petits morceaux. Mélangez et conservez dans un bocal au frais pendant 1 semaine.
- Faites chauffer les saucisses dans une casserole d'eau bouillante pendant 2 à 3 minutes. Égouttez-les.
- Faites légèrement chauffer les pains sous le gril du four avec un bol d'eau à 180 °C.
- Ouvrez les pains, tartinez de ketchup, de Yellow Mustard® et de relish. Puis ajoutez les saucisses tièdes.
- Parsemez d'oignons frits et dégustez aussitôt.

Le hot-dog comme à New York !

A CULINARY BENEFIT TO BUILD THE
SUNDAY SEPT 22
1-6
at the FAB
EAST RIVER STATE PARK
EATS
ice cold

Little buns farcis

4 personnes

Préparation
30 min

Repos
20 min

Cuisson
35 min

Ingrédients
500 g de pâte à pain
achetée chez le boulanger

Farce
1 c. à s. d'huile d'olive
400 g de bœuf haché
1 oignon haché
1 c. à c. d'ail semoule
100 g de champignons
de Paris hachés
1 c. à s. de sucre en poudre
½ c. à c. de paprika
2 pincées d'origan
400 ml de coulis
de tomates
Lait
Graines de sésame
Sel, poivre

Matériel
1 poêle
1 rouleau à pâtisserie
Papier sulfurisé

- Dans une poêle chaude avec 1 cuillerée à soupe d'huile d'olive, déposez la viande de bœuf hachée et faites-la cuire avec l'oignon haché et l'ail semoule. Ajoutez les champignons de Paris hachés, salez et poivrez. Ajoutez le sucre en poudre, puis le paprika et l'origan séché. Mélangez et laissez cuire 5 minutes. Ajoutez le coulis de tomates et laissez cuire 10 minutes de plus, le temps qu'il s'évapore. Réservez dans un saladier.
- Préchauffez le four à 200 °C. Divisez la pâte en 4 boules. Abaissez une boule de pâte avec un rouleau à pâtisserie et découpez-la en forme de disque de 15 à 20 cm de diamètre environ. Disposez 1 grosse cuillerée à soupe de farce refroidie au centre, puis refermez pour former un chausson. Roulez-le délicatement dans les mains pour le fermer. Recommencez avec le reste de pâte.
- Sur une plaque de four recouverte de papier sulfurisé, laissez reposer les buns 20 minutes, recouverts d'un torchon.
- Badigeonnez les buns de lait et parsemez de graines de sésame. Enfournez de 15 à 20 minutes.

La bolo comme vous ne l'avez jamais goûtée !

Club-sandwich

2 personnes

Préparation
10 min

Cuisson
10 min

Ingrédients
2 œufs
1 grosse tomate
6 tranches de pain de mie
2 blancs de poulet rôti
6 fines tranches de bacon
4 feuilles de batavia
4 c. à s. de mayonnaise

Matériel
1 petite casserole
1 poêle-gril
1 grille-pain
6 cure-dents

- Faites cuire les œufs à l'eau bouillante pendant 9 à 10 minutes.
- Refroidissez les œufs dans de l'eau froide, puis écalez-les et coupez-les en rondelles.
- Rincez la tomate et coupez-la également en rondelles. Rincez aussi la salade et émincez-la. Déchiquetez le blanc de poulet. Réservez tous ces ingrédients dans une assiette.
- Faites griller le bacon sur feu vif et égouttez-le pour supprimer le gras.
- Faites légèrement toaster les tranches de pain de mie au grille-pain.
- Tartinez une première tranche de pain de mayonnaise, puis éparpillez un peu de salade. Placez dessus 2 rondelles de tomate et du poulet effiloché.
- Recouvrez le tout d'une deuxième tranche de pain tartinée de mayonnaise. Disposez des rondelles d'œuf, puis du bacon grillé et encore un peu de salade.
- Recouvrez la dernière tranche de pain et maintenez avec 2 grands cure-dents en bois. Coupez en diagonale et disposez dans une assiette. Accompagnez ce club-sandwich de chips ou de frites.

Un bon club avec des chips, et tout va bien.

Club blt

2 sandwichs

Préparation
10 min

Cuisson
8 min

Ingrédients
8 tranches très fines de poitrine fumée ou de bacon
4 tranches de pain de mie aux céréales
4 c. à s. de mayonnaise
4 feuilles de laitue
4 tranches de tomate

Matériel
1 poêle
Papier absorbant
1 grille-pain
4 cure-dents

- Dans une poêle chaude, faites griller à sec les tranches de poitrine fumée jusqu'à ce qu'elles se colorent et croustillent.
- Déposez-les sur du papier absorbant.
- Faites légèrement toaster les tranches de pain de mie au grille-pain.
- Tartinez chaque tranche de mayonnaise. Déposez de la laitue – si les feuilles sont trop larges, recoupez-les.
- Ajoutez de la poitrine fumée grillée en 4 couches successives et 2 tranches de tomate. Maintenez avec 2 cure-dents.
- Coupez le sandwich en deux et servez aussitôt.

Le bacon est la star de ce club !

L'astuce Yummy

Le bacon n'est pas un ingrédient très frenchy, mais on en trouve à présent en fines tranches sous le nom de « poitrine tranchée ».

Pan bagnat

4 pans bagnats

Préparation
10 min

Cuisson
5 min

Ingrédients
2 c. à s. de fèves fraîches
2 tomates
2 œufs durs
1 petit poivron vert
1 oignon rouge
Quelques feuilles de basilic
4 pains ronds et tendres
4 c. à s. d'huile d'olive
4 c. à s. de pesto vert
8 à 10 anchois
10 olives noires dénoyautées
Sel

Matériel
1 petite casserole

- Faites blanchir 5 minutes les fèves fraîches dans de l'eau bouillante salée, puis égouttez-les. Laissez-les refroidir.
- Coupez les tomates et les œufs durs en fines rondelles.
- Épépinez et coupez le poivron en fines lanières.
- Épluchez et émincez l'oignon rouge en fines rondelles.
- Effeuillez le basilic.
- Partagez les pains en deux dans l'épaisseur sans les ouvrir totalement.
- Arrosez d'huile d'olive, puis étalez du pesto vert sur chaque face. Garnissez de rondelles de tomate, de poivron, d'œuf dur, de feuilles de basilic, d'oignon rouge. Ajoutez des anchois, des fèves et des olives noires.
- Arrosez à nouveau d'huile d'olive, fermez les pains et dégustez.

À déguster comme dans l'arrière pays niçois !

Bikini

4 bikinis

Préparation
5 min

Cuisson
3 min

Ingrédients
8 tranches de pain de mie
4 tranches d'emmental carrées pour sandwich
4 tranches de jambon blanc

Matériel
1 grille-pain

- Disposez 4 tranches de pain de mie sur le plan de travail.
- Ajoutez une tranche d'emmental carrée et le jambon coupé de la même manière.
- Couvrez d'autre tranche de pain de mie.
- Appuyez dessus et passez au grille-pain ou sous le gril du four 3 minutes environ, pour que le fromage fonde.
- C'est prêt !

L'en-cas des plages espagnoles !

L'astuce Yummy

Le bikini est un sandwich d'origine espagnole, à la carte de tous les bars de plage. D'où son nom !

Croque-monsieur

4 croque-monsieur

Préparation
15 min

Cuisson
15 min

Ingrédients
50 g de beurre
50 g de farine
600 ml de lait
2 pincées de noix de muscade en poudre
150 g de gruyère râpé
8 tranches de pain de mie aux céréales
4 tranches de jambon de Paris
Sel, poivre

Matériel
1 casserole

- Faites fondre le beurre dans une casserole à fond épais.
- Ajoutez la farine et remuez avec une cuillère en bois sans laisser colorer – la farine doit juste épaissir.
- Versez le lait progressivement, sans cesser de remuer, jusqu'à ce que la sauce épaississe.
- Assaisonnez de sel, de poivre et de muscade râpée. Ajoutez 1 cuillerée à soupe de gruyère râpé et mélangez pour qu'il fonde.
- Sur 4 tranches de pain de mie, étalez 1 cuillerée à soupe de béchamel. Puis disposez une tranche de jambon, appuyez dessus et ajoutez du gruyère râpé. Refermez les sandwichs avec les 4 autres tranches de pain et appuyez encore. Ajoutez 1 cuillerée à soupe de béchamel sur le dessus et encore du gruyère râpé.
- Enfournez pour 5 à 8 minutes à 200 °C, ou utilisez un gril spécial croque-monsieur.
- Dégustez bien chaud et bien grillé, avec éventuellement une salade de mesclun.

L'astuce Yummy

Agrémentez cette recette d'un œuf au plat posé à cheval et obtenez un délicieux croque-madame, meilleur qu'au bistrot !

Tuna melt

2 tuna melts

Préparation
5 min

Cuisson
5 min

Ingrédients
150 g de thon au naturel égoutté
70 g de mayonnaise
Un peu d'aneth
10 g de chapelure
4 tranches de cheddar pour sandwich
4 tranches de pain de mie
Un peu de beurre

Matériel
1 poêle

- Dans un bol, mélangez le thon émietté avec la mayonnaise, l'aneth ciselé et la chapelure.
- Déposez les 4 tranches de pain de mie sur le plan de travail. Étalez sur 2 tranches le mélange au thon et, sur 2 autres tranches, les tranches de cheddar.
- Refermez les sandwichs, beurrez les faces extérieures et placez-les dans une poêle ou sous le gril du four.
- Faites-les griller sur les 2 faces pendant 3 à 5 minutes – le cheddar doit avoir fondu. Puis coupez les sandwichs en deux en diagonale pour obtenir 2 triangles. Servez.

Fondant et savoureux à souhait !

L'astuce Yummy

La chapelure est essentielle dans cette recette. Elle apporte le moelleux à la garniture au thon.

Kebab

2 kebabs

Préparation
15 min

Cuisson
10 min

Ingrédients
1 échalote
4 c. à s. de yaourt à la grecque
1 c. à s. de moutarde
1 c. à s. de mayonnaise
2 c. à s. d'herbes aromatiques ciselées ou séchées
1 carotte
2 tomates
1 oignon rouge
2 feuilles de laitue iceberg
150 g d'aiguillettes de poulet rôti émincées
2 pains pita
Sel, poivre

Matériel
1 poêle

- Pelez et ciselez l'échalote.
- Dans un bol, mélangez le yaourt avec la moutarde et la mayonnaise. Ajoutez les herbes aromatiques, salez et poivrez.
- Râpez la carotte dans un bol. Coupez les tomates en rondelles. Coupez l'oignon rouge en rondelles fines. Émincez la salade iceberg en lanières.
- Faites chauffer les aiguillettes de poulet rôti dans une poêle sans apport de gras.
- Faites griller légèrement les pains pita sous le gril du four 3 à 4 minutes, puis coupez-les dans l'épaisseur.
- Déposez de la sauce blanche dans les pains, ajoutez de la viande de poulet émincée, puis des rondelles de tomate et d'oignon rouge et de la salade.
- Servez les sandwichs immédiatement.

Le meilleur kebab, c'est le vôtre !

Le véritable jambon-beurre

2 personnes

Préparation
10 min

Ingrédients
30 g de beurre demi-sel
1 baguette
2 belles tranches
de jambon cuit à l'os
5 à 10 cornichons

- Sortez le beurre du réfrigérateur 30 minutes avant utilisation et laissez-le à température ambiante pour qu'il ramollisse.
- Ouvrez la baguette en deux dans le sens de la longueur. Beurrez les 2 faces de la baguette.
- Disposez les tranches de jambon dans le sandwich.
- Ajoutez quelques cornichons, refermez le sandwich et coupez-le en deux.

Le titi-parisien des bistrots français !

L'astuce Yummy

C'est le sandwich le plus parisien, le plus populaire aussi !
Les déclinaisons sont innombrables, mais le plus simple est toujours le meilleur : choisir des ingrédients de qualité est essentiel.

Garlic bread

4 personnes

Préparation
5 min

Repos
30 min

Cuisson
12 min

Ingrédients
140 g de beurre doux ou demi-sel
4 gousses d'ail
4 à 8 branches de persil plat
4 baguettes viennoises

Matériel
1 mixeur
Papier sulfurisé

- Sortez le beurre du réfrigérateur 1 heure avant pour qu'il soit mou.
- Dans un mixeur, hachez les gousses d'ail et le persil. Mélangez avec le beurre pommade. Placez au réfrigérateur pendant 30 minutes.
- Préchauffez le four à 200 °C.
- Entaillez les baguettes viennoises en biais, tous les 1 à 2 cm. Tartinez de 1 bonne cuillerée à café de beurre d'ail.
- Placez les baguettes sur une plaque de four recouverte de papier sulfurisé et enfournez pendant 10 à 12 minutes.
- Laissez refroidir ou dégustez chaud.

À partager à l'apéro avec les copains !

Œufs Bénédicte

4 muffins

Préparation
25 min

Cuisson
10 min

Ingrédients
4 muffins
8 tranches de bacon
8 œufs bio
2 c. à s. de vinaigre blanc ou de cidre
Ciboulette

Sauce hollandaise
280 g de beurre
2 jaunes d'œufs
1 citron
Ciboulette
Sel, poivre

Matériel
2 casseroles
1 grille-pain
1 poêle
Papier absorbant
1 petit bol
1 écumoire

- Pour la sauce hollandaise, faites fondre le beurre au micro-ondes ou dans une casserole. Laissez-le refroidir.
- Dans un bain-marie posé sur feu moyen, fouettez les jaunes d'œufs avec le jus du citron et 1 cuillerée à soupe d'eau. Puis incorporez le beurre fondu en fouettant pour émulsionner la sauce hollandaise. Salez et poivrez. Ajoutez la ciboulette ciselée lorsque la sauce est bien onctueuse.
- Ouvrez les muffins, faites-les griller au grille-pain ou au four.
- Faites griller le bacon dans une poêle, sans ajout de matière grasse. Réservez sur une feuille de papier absorbant.
- Pochez les œufs. Faites chauffer une casserole d'eau, ajoutez un peu de vinaigre et portez à ébullition. Cassez les œufs froids, un à la fois, dans un petit bol. Faites délicatement glisser l'œuf dans l'eau. Répétez l'opération avec les œufs qui restent.
- Faites-les cuire dans l'eau à peine frémissante de 3 à 5 minutes jusqu'à ce que le blanc soit pris et que le jaune soit cuit comme désiré. Retirez les œufs à l'aide d'une écumoire et égouttez-les bien. Posez-les sur du papier absorbant.
- Dans chaque assiette, disposez un muffin ouvert en deux. Mettez sur chaque face une tranche de bacon grillé, un œuf poché et versez de la sauce. Parsemez de ciboulette ciselée.
- Dégustez immédiatement.

100 % gourmandise et volupté !

Gaufre-sandwich

4 personnes

Préparation
25 min

Cuisson
10 min

Ingrédients

Pâte à gaufres

300 g de farine T45 ou 55
1 sachet de levure chimique
1 pincée de sel
1 c. à s. de sucre
125 g de beurre fondu
2 œufs
500 ml de lait

Garniture

4 tranches carrées de cheddar ou de mimolette
4 tranches de jambon cuit
Beurre

Matériel

1 saladier
1 fouet
1 gaufrier
Papier absorbant
1 petit bol
1 écumoire

- Réalisez la pâte à gaufres en mélangeant dans un saladier la farine, la levure, le sel et le sucre. Puis cassez les œufs et ajoutez le beurre fondu. Mélangez au fouet ou à la fourchette et ajoutez le lait progressivement : la pâte doit être sirupeuse comme du yaourt liquide. Laissez reposer 30 minutes.
- Allumez le gaufrier et, lorsqu'il est chaud, déposez une louche de pâte sur les empreintes. Refermez-le et laissez les gaufres cuire 1 à 2 minutes. Sortez-les et recommencez jusqu'à épuisement de la pâte.
- Pour réaliser les sandwichs-gaufres, prenez 2 gaufres par personne, puis déposez une tranche de fromage et une tranche de jambon. On peut arroser de beurre fondu les gaufres et les mettre à nouveau dans le gaufrier, dans une poêle chaude ou au four. Laissez cuire 2 minutes sur chaque face pour que le fromage fonde.
- Coupez-les en deux et servez.

C'est décidé, je m'achète un gaufrier !

Quesadilla au fromage

2 personnes

Préparation
5 min

Cuisson
5 min

Ingrédients
200 g de cheddar râpé
100 g d'emmental râpé
ou de mozzarella râpée
4 galettes de blé,
type tortillas
Cébette émincée
1 piment émincé (facultatif)
200 g de guacamole
4 brins de coriandre
1 citron vert

Matériel
1 poêle

- Mélangez le cheddar et l'emmental râpés.
- Dans une poêle chaude mais non brûlante, posez une galette de blé. Déposez du fromage, un de peu de cébette émincée, et du piment éventuellement.
- Placez une seconde galette sur le dessus et laissez cuire en appuyant légèrement avec la paume sur la quesadilla, le temps que le fromage fonde à feu doux.
- Retournez et laissez cuire 30 secondes de plus.
- Recommencez avec 2 autres galettes. Coupez-les en quatre chacune et servez chaud ou tiède avec du guacamole, de la coriandre et du citron vert.

Extra-fondant, extra-bon, j'en reprends une !

Fajita bœuf-cheddar

8 fajitas

Préparation
15 min

Cuisson
15 min

Ingrédients
1 filet d'huile d'olive
2 petits oignons blancs
1 poivron rouge
400 g de bœuf haché
400 g de pulpe de tomate
2 avocats
½ c. à c. de poudre de chili
8 tortillas de blé
de 25 cm de diamètre
100 g de cheddar râpé
4 c. à s. de crème fraîche
Coriandre
Nachos
2 citrons verts
Sel

Matériel
1 sauteuse

- Dans une sauteuse, versez le filet d'huile d'olive. Ajoutez les oignons émincés. Laissez-les colorer 1 minute à feu doux, avant d'ajouter le poivron coupé en fines lanières. Poursuivez la cuisson 5 minutes en mélangeant régulièrement.
- Ajoutez la viande de bœuf et mélangez bien. Laissez cuire 5 à 8 minutes en remuant. Versez la pulpe de tomate, salez et laissez cuire 5 minutes supplémentaires.
- Lorsque la sauce enrobe une cuillère, mélangez délicatement, puis stoppez la cuisson. Laissez la préparation dans la sauteuse et couvrez.
- Taillez les avocats en lamelles, salez et saupoudrez de chili. Sur chaque tortilla, déposez de la viande aux poivrons, ajoutez un peu de cheddar râpé, de crème fraîche et de brins de coriandre. Refermez la tortilla en la pliant en quatre comme une crêpe. Faites de même pour les autres fajitas.
- Servez-en deux par personne, accompagnées de nachos et de quartiers de citron vert.

Les fajitas ne seront plus jamais meilleures ailleurs !

Cemita

4 personnes

Préparation
15 min

Cuisson
5 min

Ingrédients
4 petits buns à burger
4 escalopes ou aiguillettes de poulet panées, type cordons-bleus
Huile de colza ou d'olive
4 grosses c. à s. de mayonnaise à la sauce piquante
Piment ou Tabasco®
4 tranches de fromage à fondre
4 chipotles (piments jalapeños fumés)
Ciboule

Matériel
1 poêle

- Faites légèrement chauffer les buns dans une poêle, au four ou au grille-pain.
- Faites réchauffer les escalopes de poulet panées dans une poêle avec un peu d'huile de colza ou d'olive. Retournez-les et ajoutez le fromage pour le laisser fondre.
- Mélangez la sauce mayonnaise avec un peu de piment ou de Tabasco®.
- Sur chaque pain, versez 1 cuillerée à soupe de sauce mayonnaise pimentée. Puis déposez l'escalope de poulet panée, une tranche de fromage, un peu de sauce mayonnaise pimentée, un chipotle émincé et de la ciboule émincée. Refermez le pain et faites de même pour les autres cemitas.
- Servez chaud et dégustez immédiatement.

Un classique de la streetfood mexicaine.

Tacos mexicains

16 tacos

Préparation
20 min

Ingrédients
350 g de viande de porc cuite effilochée (voir Pulled pork burger p. 40)
3 c. à s. de sauce barbecue
2 avocats mûrs
½ c. à c. de poudre de chili
Le jus de 1 citron vert
16 tacos de maïs ou de blé nature
100 g de crème fraîche
1 bol de coriandre effeuillée
100 g de cheddar râpé
1 bocal de pickles d'oignons
Sauce salsa
Sel

Matériel
1 bol

- La veille, faites cuire la viande de porc façon Pulled pork burger (voir recette p. 40). Lorsque la viande est cuite, laissez-la refroidir et effilochez-la à la fourchette. Mélangez-la avec la sauce barbecue.
- Dans un bol, écrasez la chair des avocats à la fourchette. Saupoudrez de chili et arrosez de jus de citron vert. Salez et écrasez-les à la fourchette jusqu'à l'obtention d'une texture crémeuse.
- Assemblez les tacos. Au moment de servir, faites réchauffer légèrement la viande effilochée en sauce, avant d'en étaler 1 à 2 cuillerées à soupe dans chaque taco.
- Ajoutez un peu d'avocat écrasé, de crème fraîche et de coriandre. Parsemez de cheddar râpé.
- Servez immédiatement les tacos accompagnés de quelques pickles, de feuilles de coriandre et de sauce salsa.

Le vrai taco mexicain !

Panini prosciutto-mozza

2 paninis

Préparation
5 min

Cuisson
12 min

Ingrédients
2 boules de mozzarella
200 g de prosciutto
2 pains à panini
2 c. à s. de sauce tomate au basilic
1 à 2 poignées de roquette

- Coupez les boules de mozzarella en tranches épaisses.
- Coupez les pains en deux. Tartinez les 2 côtés des pains de sauce tomate au basilic.
- Disposez des tranches de mozzarella sur le bas de chaque pain, puis 1 ou 2 tranches de prosciutto.
- Refermez les pains, appuyez dessus pour les aplatir et placez-les sous le gril du four pour les faire chauffer. Laissez cuire de 5 à 6 minutes de chaque côté.
- Ajoutez de la roquette dans les sandwichs chauds au moment de les déguster.

Viva Italia ! Je fais mon panini chez moi !

Focaccia à la mortadelle

2 focaccias

Préparation
5 min

Ingrédients
2 focaccias
3 à 4 c. à s. de pesto alla genovese
4 tranches de mortadelle à la pistache
1 à 2 c. à s. de pistaches décortiquées et concassées

- Préchauffez le four à 200 °C. Enfournez les focaccias 5 minutes pour les réchauffer.
- Sortez-les en faisant attention de ne pas vous brûler et coupez-les en deux dans l'épaisseur.
- Tartinez de pesto, puis déposez les tranches de mortadelle.
- Refermez les sandwichs. Ajoutez du pesto sur le dessus et quelques pistaches concassées.
- Dégustez chaud.

La recette idéale pour un apéro à partager.

L'astuce Yummy

Pour plus de gourmandise, ajoutez de la mozzarella.

Panuozzi

2 personnes

Préparation
10 min

Repos
5 min

Cuisson
12 min

Ingrédients
2 rouleaux de pâte à pizza ou 2 boules de pâte à pizza surgelée
Huile d'olive
Mozzarella fior di latte
4 fines tranches de jambon de Parme
5 champignons de Paris
Un peu d'origan séché

Matériel
1 rouleau à pâtisserie
Papier sulfurisé

- Préchauffez le four à 230 °C.
- Déroulez la pâte à pizza et laissez-la reposer 5 minutes à température ambiante.
- Étalez-la et formez un ovale en allongeant la pâte avec un rouleau à patisserie.
- Arrosez légèrement la pâte d'huile d'olive et enfournez-la sur une plaque recouverte de papier sulfurisé. Faites-la cuire pendant 8 minutes.
- Sortez-la du four et coupez-la dans l'épaisseur comme un pain à panini.
- À l'intérieur, fourrez de mozzarella, de jambon de Parme et de champignons émincés.
- Arrosez à nouveau d'huile d'olive et parsemez d'origan.
- Remettez au four pour 3 à 4 minutes.
- Dégustez chaud, lorsque la mozzarella est ultra-fondante.

La pizza en forme de sandwich !

Gyros

2 gyros

Préparation
15 min

Repos
1 h

Cuisson
15 min

Ingrédients
2 filets de poulet ou de dinde
Huile d'olive
2 c. à s. de paprika
2 c. à s. de sumac
1 c. à c. de cumin en poudre
2 pincées de thym séché
1 tomate
1 oignon rouge
4 c. à s. de yaourt à la grecque
Le jus de ½ citron
2 oignons nouveaux
2 pains libanais
Quelques feuilles de salade, type laitue, batavia ou sucrine
Sel, poivre

Matériel
1 saladier
1 poêle

- Émincez les filets de poulet en gros dés ou en lanières.
- Dans un saladier, placez-les avec 4 cuillerées à soupe d'huile d'olive, le paprika, le sumac, le cumin et une pincée de thym. Salez et poivrez. Mélangez bien et laissez mariner 1 heure au frais.
- Pendant ce temps, coupez la tomate et l'oignon rouge en rondelles assez fines.
- Mélangez dans un grand bol le yaourt avec le jus de citron et les oignons nouveaux émincés. Salez et poivrez. Ajoutez une pincée de thym.
- Faites chauffer une poêle avec un peu d'huile d'olive et faites revenir le poulet mariné. Lorsqu'il est bien doré, mettez-le dans un saladier et réservez.
- Tartinez les pains libanais de sauce au yaourt. Ajoutez un peu de salade émincée, puis du poulet grillé et des rondelles de tomate et d'oignon rouge.
- Roulez les sandwichs et dégustez aussitôt.

Le classique grec à déguster sans rougir !

Courgettes-feta-menthe

4 pitas

Préparation
15 min

Cuisson
10 min

Ingrédients
4 à 5 c. à s. de yaourt à la grecque
Le jus de ½ citron
2 oignons nouveaux émincés
1 pincée de thym seché
2 courgettes bio
Huile d'olive
4 pains pitas ou paninis
100 g de feta
½ bouquet de menthe
Sel et poivre

Matériel
1 grand bol
1 mandoline
1 saladier
Papier absorbant

- Mélangez dans un grand bol le yaourt avec le jus de citron et les oignons nouveaux. Salez et poivrez. Ajoutez une pincée de thym séché.
- Coupez les courgettes en tranches fines dans le sens de la longueur – on peut le faire avec une mandoline ou un couteau bien aiguisé.
- Placez les courgettes dans un saladier et recouvrez d'huile d'olive en mélangeant avec les doigts. Salez et poivrez.
- Faites-les griller soit au four, soit à la plancha pendant 5 minutes sur chaque face. Disposez sur une feuille de papier absorbant.
- Coupez les pains dans l'épaisseur. Ajoutez un peu de sauce au yaourt sur chaque face des pains, puis disposez des tranches de courgettes grillées, de la feta émiettée et des feuilles de menthe. Arrosez d'un filet d'huile d'olive et refermez les pains.
- Placez sous le gril et faites cuire 3 à 4 minutes de chaque côté.
- Dégustez chaud.

La feta et la menthe se marient à merveille.

Pita aux falafels

4 pitas

Préparation
15 min

Cuisson
5 min

Ingrédients
2 c. à s. de yaourt à la grecque
4 à 8 c. à s. d'houmous
2 c. à c. de sumac
1 c. à c. de sel
8 boulettes de falafels
1 c. à s. d'huile d'olive
4 pains pitas ronds
Quelques feuilles de sucrine
100 g d'aubergines rôties à l'huile d'olive
150 g de sauce tahini
Pickles d'oignons rouges
Quelques feuilles de persil ou brins de cerfeuil

Matériel
1 bol
1 poêle

- Dans un bol, mélangez le yaourt avec l'houmous, les épices et le sel.
- Faites dorer les boulettes de falafels dans une poêle pendant 3 à 5 minutes avec la cuillerée à soupe d'huile d'olive.
- Ouvrez les pains pitas et faites-les légèrement chauffer au micro-ondes ou dans une poêle.
- Dans l'ouverture, mettez 2 cuillerées à soupe de sauce et déposez des feuilles de sucrine, des morceaux d'aubergine rôtis, des boulettes de falafels coupées en deux, et à nouveau de la sauce.
- Dégustez aussitôt accompagné de sauce tahini, de pickles d'oignons rouges et de brins de cerfeuil.

Une association de saveurs extra-gourmande.

Pita aux keftas

4 pitas

Préparation
15 min

Cuisson
8 min

Ingrédients
500 g de viande
de bœuf hachée
1 sachet d'épices
orientales « kefta »
1 œuf
2 c. à s. de chapelure
1 c. à s. de persil plat haché
4 feuilles de sucrine
ou de laitue
1 oignon rouge
50 ml d'huile d'olive
4 pains pitas ou paninis
4 à 6 c. à s. de mayonnaise
2 c. à s. de sauce harissa
Sel, poivre

Matériel
1 saladier
2 poêles
1 bol

- Dans un saladier, mélangez à la main le bœuf haché avec les épices orientales « kefta », l'œuf, la chapelure et le persil plat haché. Salez et poivrez. Formez des boulettes de viande à la main. Réservez au frais.
- Pendant ce temps, rincez et émincez les feuilles de sucrine ou de laitue et coupez l'oignon en fines lamelles.
- Dans une poêle, faites chauffer l'huile et ajoutez les boulettes. Faites-les revenir 5 à 6 minutes. Elles doivent être dorées, mais rester rosées au centre.
- Dans une autre poêle, faites chauffer les pains pitas environ 1 minute par face.
- Mélangez la mayonnaise avec la sauce harissa dans un bol.
- Coupez les pains en deux, ouvrez-les et garnissez-les de laitue et d'oignon. Ajoutez les boulettes de bœuf et étalez 1 cuillerée à soupe de sauce mayonnaise à la harissa.
- Dégustez aussitôt chaud ou tiède.

I love les boulettes !

Yiddish sandwich

4 sandwichs

Préparation
25 min

Ingrédients
Un peu de crème fraîche
Ciboulette
8 tranches de pain noir aux céréales
2 carottes râpées
½ betterave crue râpée
¼ de chou rouge râpé
1 avocat
4 ou 8 tranches de dinde en chiffonnade
Sel, poivre

Matériel
1 bol
Bâtonnets en bois

- Mélangez dans un bol la crème fraîche et quelques pincées de ciboulette finement ciselée. Salez et poivrez.
- Tartinez toutes les tranches de pain nordique de 1 cuillerée à soupe de crème fraîche à la ciboulette.
- Déposez un peu de carottes râpées, de chou rouge et de betterave râpés sur 4 tranches.
- Ajoutez 1 ou 2 fines tranches de chiffonnade de dinde.
- Recommencez avec les crudités, terminez avec un peu d'avocat écrasé et fermez les sandwichs avec une tranche de pain noir.
- Piquez les sandwichs avec un bâtonnet en bois pour qu'ils se maintiennent et coupez-les en deux.
- Dégustez aussitôt.

Une recette so so fresh et savoureuse !

New York sandwich

2 sandwichs

Préparation
10 min

Ingrédients
6 tranches de pain de campagne
Moutarde douce, type Savora®
300 g de pastrami de bœuf
1 bocal de cornichons aigres-doux
Chips pour servir

Matériel
2 assiettes
Bâtonnets en bois

- Tartinez toutes les tranches de pain de moutarde douce.
- Disposez 2 tranches sur 2 assiettes. Ajoutez du pastrami en couches successives pour faire une épaisseur de 1 à 2 cm.
- Déposez une couche de cornichons aigres-doux émincés dans la longueur.
- Ajoutez une tranche de pain, puis recommencez avec le pastrami. Terminez avec une couche de cornichons aigres-doux et une dernière tranche de pain.
- Piquez avec un bâtonnet en bois et coupez le sandwich en deux. Faites de même avec l'autre sandwich.
- Servez avec des chips.

Le pastrami est l'ingrédient phare !

Banh Mie

4 personnes

Préparation
10 min

Marinade
24 h + 1 nuit

Cuisson
1 h 30

Ingrédients
80 g de carottes râpées
50 ml de vinaigre de riz
2 c. à s. de sucre
500 g de poitrine de porc crue
½ baguette de pain par personne
80 g de mayonnaise maison
Sauce Maggi® ou soja
200 g de mortadelle
100 g de concombre coupé en bâtonnets
3 c. à s. de coriandre effeuillée
4 c. à s. d'oignons frits

Marinade
Cinq-épices
Poivre blanc
3 gousses d'ail
1 c. à c. de sel
1 c. à c. de sauce soja
1 c. à c. d'huile de tournesol

- La veille, placez les carottes râpées dans un bocal hermétique. Ajoutez le vinaigre de riz et le sucre. Mélangez et laissez reposer pendant 24 heures.
- Mélangez dans un saladier les ingrédients de la marinade et déposez la poitrine de porc dedans. Filmez, placez au frais et laissez mariner toute une nuit.
- Le jour même, faites cuire la poitrine de porc 1 h 30 à la vapeur. Laissez-la refroidir, puis tranchez-la très finement. Pour éviter cette étape, vous pouvez aussi acheter du porc cuit (type rôti de porc) et le trancher.
- Ouvrez le pain dans la longueur. Tartinez un côté de mayonnaise et arrosez l'autre face de sauce Maggi® ou soja.
- Disposez des tranches de mortadelle en lanières, des bâtonnets de concombre, de la poitrine de porc, des carottes râpées, de la coriandre et des oignons frits.
- Découpez en sandwichs et dégustez aussitôt.

Le sandwich de la streetfood vietnamienne !

Bao au porc

4 personnes

Préparation
30 min

Repos
1 nuit + 2 h

Cuisson
14 min

Ingrédients

Marinade
500 g de filet mignon de porc
1 c. à s. de miel
1 c. à s. d'huile de colza
2 c. à s. de sauce soja salée
2 c. à s. de sauce soja sucrée
1 c. à s. de vinaigre de cidre

Pâte à baos
20 g de sucre
6,5 g de levure de boulangerie (sèche/déshydratée)
1 pincée de sel
400 g de farine T45
1 c. à s. d'huile d'olive

Sauce
1 oignon
2 c. à s. d'huile de sésame
1 c. à s. de Maïzena®
1 c. à s. de sauce soja
2 tiges de ciboule émincée

- Dans un saladier, mélangez tous les ingrédients de la marinade, poivrez et mettez le porc. Faites mariner au froid pendant 1 nuit.
- Pour la pâte, délayez 200 ml d'eau tiède avec le sucre et la levure, puis laissez lever pendant 10 minutes jusqu'à ce que la préparation mousse. Mélangez.
- Dans un robot, mixez le sel, la farine, l'huile d'olive et la préparation eau-levure à faible vitesse jusqu'à l'homogénéité. Puis augmentez la vitesse d'un cran et pétrissez 10 minutes.
- Laissez reposer la pâte 1 h 30 dans un saladier recouvert d'un torchon.
- Découpez la pâte en 8 boules de poids égal. Étalez-les sur un plan de travail non fariné afin de former des ovales. Placez un carré de papier sulfurisé huilé sur la moitié de chaque ovale et repliez l'autre moitié par-dessus. Placez la pâte au centre d'un autre carré de papier sulfurisé sur une plaque. Recouvrez d'un torchon et laissez gonfler 30 minutes.
- Sortez le porc de sa marinade et coupez-le en petits morceaux. Émincez l'oignon.
- Dans une poêle à feu vif, faites griller le porc avec l'huile de sésame pendant 2 minutes.
- Mélangez 2 cuillerées à soupe d'eau, la Maïzena® et la sauce soja avec l'oignon et le reste de marinade.
- Versez dans la poêle et faites cuire 2 minutes à feu vif. Poursuivez la cuisson en remuant jusqu'à ce que le porc soit enrobé de sauce.
- Dans une grande casserole d'eau bouillante, déposez les baos dans un panier vapeur et faites-les cuire 12 minutes à feu moyen. Soulevez le couvercle pour laisser s'échapper la vapeur d'eau.
- Ouvrez les baos et ôtez le papier sulfurisé. Garnissez-les de porc confit, parsemez de ciboule et dégustez.

Tamago Sando

2 personnes

Préparation
10 min

Cuisson
10 min

Ingrédients
1 c. à s. de vinaigre
3 œufs
1 c. à c. de lait
2 à 3 c. à s. de mayonnaise japonaise
1 pincée de sucre
4 tranches de pain de mie très moelleux
20 g de beurre
1 c. à s. de moutarde fine
Sel, poivre

Matériel
1 casserole
1 bol

- Portez une casserole d'eau additionnée de vinaigre à ébullition. Mettez sur feu moyen et faites cuire les œufs pendant 10 minutes. Une fois cuits, plongez-les dans de l'eau glacée pour stopper la cuisson.
- Une fois refroidis, écalez-les et mettez-les dans un bol. Écrasez-les à l'aide d'une fourchette, puis ajoutez le lait, la mayonnaise et le sucre. Salez bien et poivrez. Mélangez.
- Beurrez 2 tranches de pain. Ajoutez sur la première tranche une très fine couche de moutarde, puis la préparation à l'œuf, et refermez avec la deuxième tranche de pain.
- Coupez le sandwich en deux. Faites de même pour l'autre sandwich et dégustez aussitôt.

Top moelleux, top bon, comme au Japon !

Katsu Sando

2 personnes

Préparation
30 min

Cuisson
15 min

Ingrédients

2 échines de porc
sans os (ou côtes)
1 c. à s. de farine
1 œuf battu
100 g de chapelure
150 ml d'huile de friture
¼ de chou blanc
finement émincé
3 à 4 c. à s. de mayonnaise
japonaise
1 c. à s. de moutarde forte
4 tranches de pain de mie
moelleux sans la croûte
20 g de beurre doux
Sel, poivre

Sauce tonkatsu

2 c. à s. de ketchup
2 c. à s. de sauce
Worcestershire®
1 c. à c. de sauce
soja salée
1 c. à c. de sucre

- Faites des entailles en diagonale dans les tranches d'échine de porc. Salez et poivrez des deux côtés. Passez les tranches dans la farine. Tapotez pour enlever le surplus, trempez-les dans l'œuf, puis dans la chapelure.
- Dans une sauteuse, faites chauffer l'huile à 170 °C (des petites bulles doivent apparaître lorsque l'on y plonge une spatule en bois). Déposez une tranche de porc et laissez-la dorer pendant 5 minutes en la retournant souvent avec une pince. Recommencez avec l'autre tranche.
- Déposez-les sur une feuille de papier absorbant. Pendant que les tranches refroidissent, coupez le chou en fines lanières (une petite poignée par sandwich).
- Mélangez les ingrédients de la sauce tonkatsu dans un bol.
- Dans un saladier, versez la mayonnaise et la moutarde. Ajoutez le chou et mélangez bien.
- Faites dorer les tranches de pain de mie dans un grille-pain.
- Beurrez les 2 premières tranches de pain. Ajoutez une couche de salade de chou sur une première tranche. Déposez une couche de sauce tonkatsu, puis une tranche de porc et enfin une nouvelle couche de sauce. Fermez avec la seconde tranche de pain et faites de même pour l'autre sandwich.
- Coupez les sandwichs en deux et dégustez.

契約栽培柚子使用

Onigirazu

4 onigarizus

Préparation
20 min

Repos
1 h

Cuisson
15 min

Ingrédients

400 g de riz à sushi
4 œufs battus
3 c. à s. de vinaigre de riz (ou d'alcool)
4 feuilles d'algue nori
4 poignées de jeunes pousses d'épinard émincées
2 carottes râpées
1 concombre coupé en fines rondelles
1 avocat préparé
Graines de sésame
Sauce soja
Sel, poivre

Matériel

1 passoire
1 casserole
1 saladier
1 poêle
Film alimentaire

- Rincez le riz japonais à l'eau 3 à 4 fois dans une passoire. Versez-le dans une casserole et couvrez-le d'eau froide. L'eau doit dépasser de 1 cm au dessus du niveau du riz.
- Faites cuire le riz à couvert pendant 15 minutes, sans soulever le couvercle. Stoppez la cuisson et laissez reposer à couvert encore 5 minutes. Déposez-le ensuite dans un saladier et laissez-le refroidir complètement.
- Faites cuire les œufs battus en omelette dans une pôele avec un filet d'huile d'olive. Salez et poivrez. Une fois cuite, déposez l'omelette dans une assiette, laissez-la refroidir puis coupez-la en lanières.
- Mélangez délicatement le riz à sushi et le vinaigre de riz.
- Étalez un carré de film alimentaire sur le plan de travail, puis posez une feuille d'algue nori. Déposez au centre un cercle de riz de 6 cm de diamètre sur 1 cm de haut.
- Ajoutez des couches de garniture selon vos goûts : lanières d'omelette, pousses d'épinard, carottes râpées, concombre coupé en rondelles, avocat émincé en alternant les couleurs. Parsemez de graines de sésame.
- Déposez une petite cuillerée de riz sur la garniture. Rabattez la feuille d'algue pour former un petit paquet-cadeau. Refermez le film alimentaire en serrant bien pour former une boule.
- Réservez au réfrigérateur 1 heure. Coupez en deux les onigarizus et degustez-les frais avec de la sauce Bull-Dog®.

Le sandwich le plus kawaï du monde !

S&B
七味
唐がらし
Bull-Dog
とんかつ
ソース

Tandoori sandwich

4 sandwichs

Préparation
15 min

Repos
2 h

Cuisson
10 min

Ingrédients
4 pains indiens naans nature ou à l'ail
2 filets de poulet
1 tomate
½ concombre
2 feuilles de salade iceberg émincées
Graines d'anis
Marinade
2 c. à s. d'épices tandoori
1 gousse d'ail écrasée
2 c. à s. de gingembre râpé
1 c. à s. de paprika
Le jus de 1 citron
1 yaourt brassé nature
Sauce aigre-douce
2 c. à c. de ketchup
1 c. à c. de moutarde
1 c. à c. de miel
1 c. à s. de mayonnaise

- Dans un bol, mélangez les ingrédients de la sauce aigre-douce et réservez au frais.
- Pour le poulet tandoori, préparez la marinade en mélangeant tous les ingrédients dans un saladier.
- Badigeonnez les filets de poulet avec la marinade et laissez reposer au réfrigérateur pendant environ 2 heures.
- Faites griller les filets sur une plaque de gril, une plancha ou dans un poêle à fond épais pendant 10 minutes, puis émincez-les en fines tranches.
- Découpez le demi-concombre et la tomate en rondelles.
- Juste avant de servir, disposez à l'intérieur de chaque naan un peu de salade iceberg, du concombre, de la tomate et du poulet tandoori.
- Arrosez de sauce aigre-douce, ajoutez un peu de graines d'anis et dégustez.

Toutes les saveurs de l'Inde réunies.

Table des recettes

Remerciements

Merci à Charlène Valet pour son aide.

Merci à Mireille Touret pour sa bienveillance et à Galatéa pour sa confiance.

Merci à tous les amateurs de sandwichs tout autour de la planète, vive la street food !

58, rue Jean-Bleuzen
92178 Vanves

Mise en pages : Olivier Van Bellinghen
Suivi éditorial : Odile Raoul, Mireille Touret

7024049
ISBN : 978-2-501-16593-8
Dépôt légal : août 2021

Achevé d'imprimé par Estella Graficas en Espagne en juillet 2021.

PAPIER À BASE DE FIBRES CERTIFIÉES

MARABOUT
s'engage pour l'environnement en réduisant l'empreinte carbone de ses livres.
Celle de cet exemplaire est de :
1100 g éq. CO_2
Rendez-vous sur
www.marabout-durable.fr